사람을 찾습니다

최동훈 지음

어느 시골 철학자의 작은 시집

공간

사람을
찾습니다

목차

1부

목차

사 람 을

찾 습 니 다

1부

삶

껍질을 벗기지 못하고 사니
삶은 달걀이란 소리를 듣네

첫숨

살구 주렁진 금빛 여름
서산 하늘 빨갛게 타오르는
비단 치마 붉은 노을 속으로
흰 꼬쟁이에 흰 꼬무신 끌며
꼬부랑 지팡이 앞세워
꼬갤 넘어가는 당꼴 할메
두렁길에 서서 쭈그렁 손나팔 모다
옥자야, 니 언니 왔드마
지지미 지지는 소두뱅이처럼 지글대는
땡볕을 피해 거웃 같은 산골짝에서
해거름 기다리던 비암도 쫑긋 목을 세웠을라나
쇠꼴 먹이다 어린 이모 고라니처럼 맨발로 뛰달아
사립문 들어서자 자지러지듯
때앵 때앵 때앵 땡 땡 땡
첫 숨 터뜨리며
삶이라는 학교는 종을 울렸으니

유년의 하늘

여름이면 전깃불 없는 외갓집에선
마당에 멍석을 깔고 해넘이 전에 저녁을 먹는다
감자보리밥에 열무김치 고추 된장 삶은 호박잎
뒤란의 소까지 쇠꼴을 새김질하는 소리가
장단을 맞추면 입맛은 덩달아 오른다
상을 물린 뒤 수박과 옥시기가 나오고
나는 하모니카를 불어대듯 먹어댄다
큰외삼춘, 짝은외삼춘은 인디언처럼
모깃불을 피우느라 분주하다
사랑벽에 기댄 뜰채와 소쿠리는
용탕을 좋아하는 매형을 위해 광에서 내온 것이다
그니까 내일이면 댕맨집 우물과 너븐돌 논듬벙에 사는
웅고지와 미꾸라지들이 함지박에서
눈꽃 같은 하얀 소금에 빨갛게 아려갈 텐데
엄마는 싸하다고 손끝은커녕 눈길도 안 주지만
코끝 알싸한 제피 향기 단물고기맛을 어찌 마다할까
그래도 어제는 동네 아재들이 은사님 오셨다고
아버질 위해 성재 아재네 복숭아밭에서 개를 잡았는데
나는 단고기 한 점 입에 대지 않았다
솥·쩍·다·솥·쩍·다
까만 숲 나무 위에서 밤새 우는 밤새 소리

새는 새라 외롭고
사람은 사람이라 외롭다
외할머니 무릎을 베고 발라당 누워
흰 머릴 풀어헤치고 하늘로 올라가는 게 뭐 게
누와 형에게 수수께끼를 내려는 참인데
어둠 속에서 짖어대는 대문턱집 검둥개 소리가
뚝 사라지며 그 순간
골밭 메밀꽃보다 많은 별들이 반짝반짝
반딧불처럼 불똥을 밝힌 채 나를 내려다본다
쏴아 서쪽 하늘에서 동쪽 하늘로
별물이 흐르는 소리가 귓가를 스친다
은사시빛 모시를 드리운 은하수 속에서
별에 별알갱이들이 물보라처럼 피어오르며
얼굴 위로 쏟아져 내린다
새까만 밤하늘 쏘그로 끄덥씨 끄덥씨 펼쳐지는
뽀오얀 아스라함이 너무나 오싹해
눈가로 별구슬이 똑 구른다
아가 눈 맵따
모깃불 좀 딴 데로 돌리라
역성을 듬뿍 담은 음성으로 얼굴을 훔쳐주시는데
까끌까끌 멍석자리처럼 스쳐간
외할머니의 손길이 아직도 눈가에 생생한데

내 유년의 하늘에
그 많던 별들은 다 어디로 갔을까

낙숫물

셈본 숙제 끝내고
쪽마루 걸터앉아
동바리 같은 다릴 늘어뜨린 채
처마에서 떨어지는
낙숫물을 센 적이 있다
댓돌 뚫길 때까지 보는기가
서나이가 돈을 세야지
어째 그딴 걸 세남
볼웃음 지으며 비긋던 당골 신딸
뽀얀 분꽃 향기 떠난 뒤
파란 하늘 마를 때까지
낙숫물을 센 날이 있다

엄니께 숨기느라

철썩 철썩
바다를 때리는
파도 소리 들으니

물총놀이 하다 휙
칠판에 뿌려진 물줄기
종소리와 동시에 두더지처럼
자리로 숨어버리기
교실로 들어선 예비 수학선생 칠판을 보자
똥씹은 얼굴로 범인새끼 나와!
반친구들 따발로 눈총을 쏴 대는데
범인새끼는 끝까지 오리발
교단에 올라선 예비 수학선생 교탁을 내리치며
화염방사기 같은 입으로 반장 나와!
어처구니없는 억울한 곤장에
엄살도 신음도 사육신처럼 삼켜버리자
뚜껑 뒤집힌 수양이가 됐나

철썩 철썩
빠따로 때리고 때려
피가 밴 빤스를 버려야 했던 중1의 추억

고3 겨울

고등학교 끝나가던 겨울방학
아침 밥숟갈 놓기 무섭게
우리는 노가리촌 언덕으로 모여들었다
통나무 고랑대엔 등록금으로 팔려나갈
하얀 동태들이 눈을 맞으며 얼고 있었다
솜이불을 뒤집어 쓴 판잣집들을 내려다보며
우리는 한 모금씩 굴뚝같은 연기를 토해냈다
토닥토닥 눈은 세상의 무언갈 달래기 위해
내리고 있는 것만 같았다
눈 속에 묻을 추억도 변변치 않은
우리는 늑대처럼 하얀 입김 내뿜으며
초라한 도시의 거리와 골목을 누비다
바다로 나갔다
이 세상 땅끝 어디나 바다는 있기 마련인데
이곳 가난한 도시의 끝에도 바다가 있었다
새하얀 파도들이 백상아리처럼 포효하는
겨울 해안가 한 귀퉁이에 오들오들 둘러서서
회초리 몰아치듯 매섭게 때리는 눈발 맞으며
우리는 한 모금씩 소주 한 병을 들이키곤
누가 먼저랄 것도 없이 함성을 질러댔다
바다는 수평을 잡기 위해 출렁거렸고

우리는 중심을 잡기 위해 비틀거렸다
검푸른 수평선 너머에선
알 수 없는 미래가 우릴 기다리고 있었다
그러다 해 지고 어두워지면 집으로 돌아갔다
서리꽃처럼 하룻볕에 지고 만
짧은 청춘의 한 때
그 해는 유난히 많은 눈이 내렸다
한 친구는 이미 눈을 감았고
이제 그 길도 집들도 사라졌다
모든 건 그러기 마련이다
어쩌면 그 때문이었을까
우리가 젊은 순례자처럼 보낸 그때 그
……행모(行暮)의 발자국

아버지의 목도리

문득
북쪽에 있다는 아버지의 고향과
아버지를 그리는 것은
눈이 오기 때문이 아니다
차창 밖으로 떨어지는 하얀 국화송이들
머리까지 눈을 뒤집어 쓴 채
운구차 옆으로 도열한 검은 나무들은
깊은 침묵에 잠겨 있다
강물은 보이지 않는다 그 너머로
이력서말고는 기록된 게 없는 한 사람의 생애가
눈꽃에 덮여 하얗게 지워지고 있다
버스 차창에 얼굴을 비추면
몽당연필로 스케치되는 어린 시절
나만이 놔 두고 온 건 아닌데
설웁게도 눈물이 난다
지금이라도 차를 세워 내릴 수만 있다면
저 멀리 설원에 홀로 선 하얀 미류나무 곁으로 가
목에 두른 아버지의 목도리를 거기 걸고 싶다
따뜻했던 아버지의 온기를 거기 꼬옥 매어두고 싶다

내 영혼의 가난함

나를 사슴이라 하며 나의 덫을 걱정하는
나의 친구여, 나의 벗이여
사랑의 결실은 완성이 아니라 이별이더구나
이별의 술잔을 거두고 나면 빈 방이더구나
그러고 나면 다시 아침이더구나

사람을 잃고 사랑을 잃고
나는 떠돌이처럼 떠돌다
어제와 똑같은 삶의 행로에 환멸을 느꼈다
나침반, 이정표, 표지판 이런 것에 넌더리가 났다
방황만이 옳은 방향일 수 있다고 생각했다
어떤 것으로도 운명의 항로를 바꿀 수 없기에
난 내 방으로 돌아가고 싶지 않았다
하지만 이조차도 나의 운명인 걸
악마와 거래하지 않는 이상
갈 곳은 내 육신의 빈 방뿐
그럴까 차라리 그럴 바엔 그럴까
술자리에서 밤새 지껄여대는 되풀이
둥근 네모 같은 쓰잘데기 없는 넋두리
색바랜 추억과 희미한 기억의 나부랭이
마지막 남은 빛조차 나를 떠나고

내 방에 남은 건 새까만 쓸개뿐

내 생각의 방이여,
내 마음의 둥지여,
자신을 정돈하지 못하고 일상을 정리하지 못한 탓에
나의 길은 옆으로 새고
등과 직관은 점점 구부러져 가네
눈을 뜨면 생각은 떠오르질 않고
눈을 감으면 생각은 가라앉질 않네
몸은 가을바람처럼 어지럽고
머리는 실타래처럼 엉키었네
마음밭 하나 제대로 가꾸지 못하고
쪽정이처럼 살아야 하는 사람의 비애
남의 말이나 빌려야 하는 사람의 구차스러움
그러게 내 육신의 부족함

내 영혼의 가난함

독배(獨杯)

오늘을 기억하렵니다
당신이 지워버린 길과
내가 지나온 길과
그 사이로 바다가 있는 풍경을
만 원 한 장에 오징어 세 마리가
헤엄을 치는 난전 한 귀퉁이
간간이 그늘을 찾아 뜨내기바람만
기어드는 빛바랜 파라솔 아래
초장과 고추 몇 개, 오이 몇 조각을 진설하고
잔을 채워 짧고도 뜨거웠던
우리의 만남을 위해

건배!

전류가 흐르는 빈속의 짜릿함에
질끈 눈을 감아봅니다
항구를 떠나가는 먹먹한 고동 소리
배꼬리에 따라붙어 무언가 말하려
갈라지는 물살 사이로
물거품을 물다 다시 잠잠해진
술잔을 손가락으로 헤집으며

검은 해연의 밑바닥에서
해파리처럼 늘어진 기억을 건져 올립니다
당신의 것이기도 하고 나의 것이기도 한
그러기에 이제는 더이상 우리의 것이 아닌
우리의 사랑을 위해

건배!

산오징어를 씹으며 수평선을 삼키며
채워지지 않는 그리움 대신 빈 잔을 채우고
빈 잔을 채우기 위해
아줌마 여기 소주 하나 더
아이스박스에서 산 채 건져 올린 술병에서
싸늘한 죽음의 체온을 느껴봅니다
한 병 두 병 세 병⋯⋯
세상을 뒤집어 통째로 쏟아부은들
통째로 쏟아부은 세상을 다시 뒤집은들
당신을 되찾을 수 있겠습니까
내 앞에 빈자리로 마주 앉은 당신
자, 우리의 영별을 위해

건배!

긴 하루는 짧은 시간 속으로 사라져갑니다
길면 긴 대로 짧으면 짧은 대로
기울어져 가는 길을 따라 그림자를 늘리다
오늘은 또 어디쯤에서 마감이 될런지

낯선 전봇대에 기대 육신의 태엽을 되감아 봅니다
당신과 나의 회전목마가 돌아가듯 빙글빙글
김빠진 태양이 돌아가듯 빙긋빙긋

어느 역사(驛舍)에서

산에서 나고 자라
시골 사람들의 손때도 탄 데다
오지에 붙박여 오래 묵은 탓에
수더분하고 늙수그레해 보이는 어둠과
간이역 대합실 의자에 한참을 나란히 앉아
말없이 기차를 기다리다 보면
남모를 그리움 같은 것이 들러붙을 때가 있다
산봉우리에 긁혀 피가 번지는 노을 때문인지
게양대에서 펄럭이는 몇 장의 바람 때문인지
아직은 기차 시간이 남아 이 그리움의 정체가
무엇인지 곰곰이 들여다본다

결코 혼자 다니는 여행이 외로워서가 아니다
빈집 같은 외로움쯤이야 거미줄 걷듯
툭툭 털어버리거나 떨쳐버리면 그만인데
그리움은 배어나기 시작하면 상사뱀처럼
짝 달라붙어 떨어질 생각을 않는다 그렇다고
그리움이 안에만 있냐 하면
그리움은 밖에도 있어
남도 사투리로 재잘거리는 실개울에도 있고
손톱 붉게 물들인 단풍나무 둘레길에도 있고

쑥대머리 무성한 갈대숲에도 있고
별부스러기 흩어진 초저녁 밤하늘에도 있어
나를 가만히 놔두지 않는 것이다 때로는
빗장으로 입을 꾹 닫아건 벽촌 마을을 지나다
가을비를 맞으며 떨고 있는 가로등 불빛 속을 걸어가다
두억시니 같은 밤바람을 뒤집어쓴 채 횅하니 바닷가에 서 있다
누군가 부르는 인기척에 뒤를 돌아보지만
아무도 없어 다시 고개를 돌리는
그 궁글음이 허전한 일이기는 해도
그것이 남모를 그리움의 정체는 아닌 것이다
이렇듯 알 수 없으니 엉뚱한 생각에
윤회라는 게 있어 수많은
전생살이에서 얻은 그리움들이
도모지처럼 차곡차곡 쌓이고 쌓여
어찌할 도리도 없이 꼼짝달싹 못 하도록
숨죽이게 하는 것은 아닌지 모를 일이다
그리움에 드는 약이 있다는 소리는 못 들었다
약으로 치료할 건 아니고
기차를 타고 다시 떠나다 보면 잠시 가셔질 게다

우리집 감나무

얼마 만인가
감나무 아래 누워 하늘을 보는 게

달거리를 해도 해거리를 해도
달리면 엿가락처럼 가지가 휘고
달기는 엿기름처럼 다디단 것이
감도 따고 마당도 가리겠다던
어머니 기대를 한껏 받으며
우리집에 입양이 되어 온 뒤로
저애는 나와 함께 자라
학다리 같던 다리가
코끼리 장딴지처럼 부풀더니
허리는 내 두 배요 키는 내 다섯 배로 컸다
크기만 크나 나이도 두둑해서
내가 집을 떠나 산 지 십 년
일가를 이루고 나가 산 지 십 년
아들 하나 데리고 다시 들어와 산 지 십 년
그 세월에도 묵묵히 입선(立禪)을 하며
한 자리를 지키고 오십 년이다
여름이면 저이 밑에서
돗자리를 깔아 저녁을 먹기도 했고

봄이면 이파리를 따다
감잎차를 달여 마시기도 했다
간간이 바람결에 토끼귀를 쫑긋하며
식구들 대화를 엿듣기도 했을 테고
나뭇잎 사이로 고양이 실눈을 뜨고
집안 대소사를 훔쳐보기도 했을 테고
자기를 이 집 족보에 들인 아버님이
세상을 뜨는 것도 지켜보았을 테다
하지만 나무라고 지켜만 보았겠는가
기쁜 일에는 이파리를 부딪쳐 가며 손뼉을 치고
슬픈 일에는 가지를 숙여 고개를 떨구었을 테다
마음 주름 가득한 어머니 속내도 알아
나오실 필요 없다며 손사래 치는
아들 손자 길 떠날 때면
슬며시 감나무가 떨구어준 잎사귀를
무심히 주우러 나오시는 양
그저 고개 들어 나무 한 번 바라보시는 양
차꽁무니 사라질 때까지 슬쩍슬쩍 눈길 보내시는데
잘 가라 부디 건강들 해라
저도 어머니 뒤에서 잎새손을 흔들었을 테다
여름이면 시원하라 햇볕을 가려주고
겨울이면 따뜻하라 햇볕을 터주는
마른 잎 마른 장작이 되어서는 불까지 때주는
살려면 나무처럼 살아야 하는 거라며
머리맡에 앉아 부쳐주시던
아버지의 부채처럼
아, 아버지의 부채처럼

가을바람 일어나자 수만 부채들이
땅속 뿌리 깊이 묻어뒀던 말들을
우수수 토해내는데

그래
얼마 만인가
아버님이 심어놓고 가신
배다른 동생의 무릎에 누워 가을 하늘을 보는 게

방아쇠 수지

손가락을 구부리면 손가락이 펴지지 않고
손가락을 펴면 손가락이 구부러지지 않아
월남전 때 맹호부대에 있었다는
의사는 듀피트렌 구축증이지만
자기는 방아쇠 수지라고 명한단다
월남전 때 방아쇠를 당겨본 적이 있냐고
사람을 쏴본 적이 있냐고
그런 걸 물어보고 싶은데
그냥 원인이 뭐냐니
둥근 걸 오래 쥐면 생기는 병이란다
둥근 게 뭐냐니 골프채나 낚시채란다
곰곰이 생각해 봐도 뭘 채는 걸 쥐어 본 가락이 없다
없다고 하니 그래도 뭔가를 쥐었을 거란다
의사 체면이 안 됐어서 다시 곰곰이 생각해 본다
이 세상에 나오려고 너무 씨게 움켜쥔 주먹이었던가
학창 시절 습자지를 까맣게 불태운 연필이었던가
소낙비 아래를 걷던 낭자들께 받쳐준 우산대였던가
손바닥 들여다보면 추억은 다 들어 있어 엊그제 같은데
손금은 난마처럼 어지럽게 얽혔고
손가락은 병들어 쥐지도 펴지도 못하는구나
다 헛일이라 지난 생각 접으려 하자

월남전에 참전했다는 의사는
조용히 서랍에서 권총을 꺼내 놓더니
똑바로 생각해 보란다
나는 깜짝 놀란 러시아 룰렛의 사슴이 되어
고개를 길게 빼고는 방아쇠에 걸려 있는
늙은 퇴역병의 손가락을 주시하다
아하, 그래 옳다 그거로구나
세상 살면서 늘 내 손에 꼭 쥐어본 거라곤
받느라주느라
권커니잣거니
옳다구나, 둥근 술잔이로구나

울아바이

홀어머니 등떠밀려
삼팔선을 넘어왔다
휴전선이 막혀버려
못돌아간 울아바이
외동아들 울아바이
고등학교 시절부터
극작가를 꿈꿨으나
국민학교 선생하며
구독은 씨―나리오
노래는 팔―도강산
북관출신 울아바이
외톨박이 울아바이
북에선 다 먹고 들어가도
남에선 기껏 한끗 따라지
자신에겐 추웠지만
자식에겐 따뜻했던
울아바이 울아바이

사랑의 사과나무

어느덧 숲속은 반쪽짜리 여름입니다
검을 내려놓고 잠시 나무 그늘에 앉아
푸른 바위틈에 고인 옹달샘에 목을 축이다
가슴 속 깊숙한 정혈에서
삶과 죽음의 엇박자가 맥놀이하며
아직 남아 있는 사랑의 떨림이
우화등선(羽化登仙)의 잔물결로 파동치는 순간
역린을 기다렸다는 듯
하늘가에 매복해 있던
먹구름들이 천둥소리 짖어대며
바람의 말굽과 함께 몰려옵니다
그 기세에 밀려
소나기 난사하는 화살을 뚫고
벌판 지나 언덕 끝까지 올라가
온몸이 낙조에 새빨갛게 물들어서야
껍데기처럼 축 늘어진 긴 그림자 끌고서
산속 오두막으로 돌아옵니다
오늘의 나머지는 내일로 미루고
반쪽으로 줄어든 침대로 가
백골처럼 하얗게 야윈 베갯잇 품에 안겨
당신과 아침을 나누는 꿈을 꿉니다

봄의 햇살로 장식한 식탁에서
숲에서 가져온 여름꽃들을 화병에 꽂고
가을 향기 가득 머금은 머루주를
겨울잔에 담아
건배

당신과 나, 그리고 죽음의 존엄을 위하여
설령 오늘 세상이 망한다 해도 우리 이미
한 그루 사랑의 사과나무를 심어놓았음을

부처를 찾아서

−친구 용우와 종철에게

퇴직하고 은퇴하면
선생하는 친구는
티벳 간다 그러고
퇴직하고 은퇴하면
은행하는 친구는
미얀마 간다 그러네
격 있는 이들이라
그들 가는 곳 잘은 몰라도
가면 어딘가 부처도 있겠지
그렇지만 니들 가고 나면
나는 혼자 뭐 하냐
술도 한 잔 걸쳤겠다
나도 갈까
나는 인도로나 갈까
사람보다 신이 많은 나라
신이 많아 정신이 없는 나라
가면 어딘가 부처도 있겠지
티벳 가겠다는 친구
마누라는 절대 안 간다 그러지
미얀마 가겠다는 친구
마누라는 절대 안 보낸다 그러지

속초 청호동 나리까에서
우리 팔색조는 아니더라도
초록은 동색이라 술잔을 부딪네
고삐리 때 까까머리로 만나
세 번 강산이 변하는 동안
산천초목에도 하얀 서리 내려
머리는 가을인데
어찌 걸어왔나 길 없는 길
삶은 무슨 숙제 같아
더는 미룰 수 없어
선생하는 친구 티벳 간다 그러지
은행하는 친구 미얀마 간다 그러지
나는 어디로 가야 가나
나는 인도로나 갈까
사람에 취하고 삶에 취하고
그래도 모자라면
술이야 한 병 더 채우면 그만이지만
다른 건 다 몰라도
인도로 가야지
부처를 찾거나 말거나
차도로 가면 쓰나
인도로 가야지

명주사 저녁 종소리

산문(山門)을 등지고 지긋이 돌아앉아
노스님은 주렴처럼 긴 염주를 돌리는데
아빠 코끼리 위에 엄마 코끼리를
엄마 코끼리 위에 아가 코끼리를
침향목으로 깎은 가족 코끼리를
아내에게 기념으로 준 때가 있다
지금 그 목걸이 어디 있는지
마음은 이미 선방을 떠나
만월산 깊은 계곡 풀숲을 헤매다
비는 오는데
두견화는 지고 물망초만 푸르구나
아들코끼리 한 번 데려 오라며
노스님께서 가지런히 돌려놓은 신을 신고
다시 속가로 나가는 길은 법수(法水)를 따른다
예로부터 법수라 불리는 물은 법수치에서
어성전과 도리 수리를 지나 바다로 든다
비는 그렇게 바다로 돌아가고
바다는 다시 비로 돌아오리니
어미 연어들이 강을 거슬러 오르는 날
명주알을 품은 법수에 목욕재계하고
노을빛 붉게 물든 구름을 타고 앉아

어둠과 어둠의 세상 너머
은하수 파란 물결 따라
에밀레 에밀레 에밀레
산사의 저녁 종소리 들으며
일천강에 떠오르는 둥근 달들을
덤보 같은 아들과
신바람나게 튕겨보리라

흐르는 강물처럼

흐르는 강물처럼
아름다운 설악산 피골 계곡에서 우리는 물놀이를 했다

느타리 능이 송이 곰취 머루 다래가
철따라 난다는 곳 토박이만 안다는 곳
오소리가 다진 길을 따라 오손도손 앞서거니 뒤서거니
발부리 차여 가며 정강이 적셔 가며 허리춤 추켜 가며
계곡 깊숙이 작은 웅덩이들 지나쳐
일월벼루 같은 옥빛 연못 하나 있다 한 곳이 여기로다
바위들은 병풍처럼 에두르고
청솔은 공작의 부채를 펼치니
뼛속까지 비치는 피라미 꼬리를 치는 물에
발 담그자 물도 놀라 나도 놀라
겁 없는 꼬마 해적은 보란 듯
첨벙!
어라 깊은 곳으로 발이 쏠리는지 쓸려가네
동동동 입까지 잠기며 콩콩콩 아빠를 부른다
오다 주운 긴 바지랑대를 어서 내밀자
물해코지에 놀란 아들은 어여 붙잡고 빠져나온다
그래도 가슴 쓸어내리는 아빠를 믿는가 웃는구나
사람 손을 타지 않은 물은 사람을 홀린다는데

나는 팔다리를 내저으며 조용히 물을 달래다
물속으로 들어가 양수의 아늑함에 잠긴다
자, 이제 들어오너라
아들 향해 두 팔 벌리자
첨벙!
나와 아들과 물은 한데 뒤엉켜
풍당풍덩 덤벙덤벙 절벙철벙
물장구치고 자맥질하고 공중제비 돌고 물수제비 뜨고 나비물 끼얹고
한나절 살을 섞은 물 위에 드러누워 하늘을 보니
어라, 언제 몰려와 잔뜩 찌푸린 눈으로 우릴 쩨리는 먹구름떼
헤살을 놓듯 느닷없이 딱콩총으로 빗방울을 쏴대자
정신없이 두들겨 맞은 숲속 이파리들이
파드득파드득 위아래로 날개를 파닥인다
아빠, 여우가 시집가나 봐.
햇살 뿌얀 숲속 사이로 맨살을 드러낸 느개가 하늑거린다
동글동글 수만 송이 물꽃들이 빙글빙글 발레를 춘다
아들 앞에서 자유를 연출하기에는 딱 좋은 때인 듯싶어
쇼생크처럼 고개 젖혀 두 팔 벌리고 꼿꼿이 서자
빗방울 뒤집어쓴 아들이 엄지손가락 꼿꼿이 굿이란다
아빠가?
여기가.
금세 비가 긋자 도망치려던 이파리들은 슬그머니 나래를 접고
웃통을 벗어젖힌 비거스렁한 바람이 어슬렁거리는 바람에
물에서 쫓겨난 부자는 햇빛 넌
너럭바위에 앉아 해바라기를 한다
사람도 물도 보이는 대로가 아녀. 열 길 아니라 한 길 물속도

물 밖에선 모르는 법이야. 매사 신중하고 조심혀야 혀.
야.
아들은 앞뒤로 짱구를 흔들며 말장구를 친다
아빠가 저 긴 짝대기 왜 주워오나 했슈.
다 이유가 있었네유. 근데 아빠,
피라미하고 피라냐하고 한 글자 차이잖아. 근데 왜 엄청 다
를까?
그러게. 학교에선 안 가르쳐 줘?
초등학교가 그렇지 뭐.
아들과 아빠는 하늘 향해 고래처럼 하얀 웃음을 뿜어낸다
계곡 위를 바라보니 흐르는 강물처럼 아름답다
어떤 영환데?
아빠와 아들이 낚시하는 영화.
언제 영환데?
옛날.
할아버지도 낚시 무척 좋아하셨지. 사이몬의 덩컨이라는
노랠 들으면 My father was a fisherman
My mama was the fisherman's friend라는 가사가 나와.
함 불러봐.

태양초처럼 코끝이 빨개온다
이북 바다가 고향이셨던 아버님은
아내를 위해 슬프지만 웃어야 하는 삐에로처럼 사셨고
자식들을 위해 썰매를 끌어야 하는 루돌프처럼 사셨다
아버님은 내게 고기 낚는 낚시를 가르쳐 주시지 않았다
나도 아들이 고기 낚는 낚시를 배우기를 바라지 않는다
고기도 낚지 말고 세월도 낚지 말고

아들아, 찌를 바라보듯
살아가면서 그저 늘 자신을 바라보기를
살아가다 어디서 한 번쯤은 돌아보기를
그리고 그 속에 아빠와 네가 있었음을
우리는 흐르는 강물처럼
흐르는 강물처럼

죄송합니다

아주 멀리 있는 아들의 방에서
아들의 기침소리가 들려옵니다
밤의 어둠에 실려 오는 그 소리는
나의 청각을 어지럽게 하고
나의 촉각을 어지럽게 하고
나의 생각을 어지럽게 합니다
밤의 어둠을 파쇄하는 그 소리는
나의 내력을 생각케 하고
나의 전력을 생각케 하고
나의 가족력을 생각케 합니다
밤의 어둠 속에 내가 눈을 뜬 것은
내 아버지가 그러하셨듯
내 어머니가 그러하셨듯
내 외할머니가 그러하셨듯
밤의 어둠 속에 내가 일어나 앉은 것은
이 세상의 그 어떤 소리보다
아들의 기침소리가 신경이 쓰이는 것이고
아들의 기침소리가 밤잠을 설치게 하는 것이고
아들의 기침소리가 만사를 제쳐놓게 하는 것인데

작은 일로 크게 소란을 떨어 정말 죄송합니다

인사동 길바닥에서

한양 온 김에 안국동 지나
일층엔 스님의 미소까지 들인 전법회관 칠층에서
하얀 털모자에 하얀 털조끼가 단벌인 스님과
까만 목도리에 까만 먹장삼이 단벌인 스님과
개량되지 않은 옷을 입고 마주 앉아 있기란
군학일계짜리 촌닭처럼 어색한 일일 것이나
법랍은 빵이라도 세수는 뻔데기라
겹겹이 주름을 잡고 뻔뻔히 자리를 잡고
하얀 스님 하얀 얘기 까만 스님 까만 얘기
하얀 스님 까만 얘기 까만 스님 하얀 얘기
보다 듣다 껄껄대다 맞장굴 치다
모이면 흩어지는 것이 자연의 이치요
만나면 헤어지는 것이 세상의 이치라
조계사 옆구리에 붙은 행랑채에 들다
오래만에 속세를 떠나 도낏자루 썩듯
여여한 스님들 법거량을 귀동냥한 덕에
정월대보름처럼 밝아진 귀가 뜨거워
차가운 인사동 밤거리로 나섰더니
오색등 불빛 아래 조선팔도의 물산들이
저마다 빛깔과 때깔을 뽐내며 넘쳐나는데
돌연 눈길을 사로잡는 것이

보드란 털로 뒤덮인 비단 등걸이
어머, 오늘은 속초로 시집 보내네
벙글벙글한 아주머니 덕담을 뒤로 하고
한약첩처럼 고이 싸서 들고나오는데
어머니의 귀한 몸을 받고 태어난 천한 것을
업고 어르고 달래며 흠날까 흉질까
졸이고 쫄이다 쪼그라든 당신의 쪼그랑등을
따뜻이 한 번 안아드리지도 못하고
등거리 한 벌로 퉁치자는 것 같아
퉁치자는 게 늘 개버릇인 것 같아
티끌도 아닌 것이 잡티도 아닌 것이
눈도 아닌 것이 진눈깨비도 아닌 것이
시큰한 것이 촉촉한 것이 닭똥 같은 것이
인사동 길바닥에서
인사동 길바닥에서

울엄마

손이 발이
사슴처럼 가늘고 예쁘던 울엄마

눈이 입이
별님 같고 달님 같던 울엄마

한평생 콩콩콩
토끼간을 달아
콩알만큼 닳아진 울엄마

한세상 뻘뻘뻘
쓸고 닦고 빨고 먹이느라
손목도 없는 울엄마
발목도 없는 울엄마
무릎도 없는 울엄마

잘 가라며
동구 밖에 서서
울기만 하는 울엄마
울보 같은 울엄마

나의 정체

-벗어날 수 없는 나의 연쇄

바다는 오줌을 지리고
파도는 부르르르 떨고
횟집촌을 따라 노란 오줌발에 얼룩이는 육혈포 네온사인
밤하늘로 치솟으며 장렬하게 자폭하는 카미카제표 폭죽
사랑이 모자란다거나
유행이 지난 거라거나
그런 책임은 왜 상속이 안 되고
상수의 역할도 아닌 주제에
존재의 고아인 양 슈뢰딩거의 고양이처럼
우주의 눈치를 살피며
바다까지 걸어가는 여유
바닥까지 내려가는 이유
가장 작은 것이 가장 큰 뜻을 품는
사랑이라 봤자 유행이라 봤자
거창하게스리 한 시대를 들먹거릴 거야
남이 나를 알아채기 전에
내가 나를 알아채기 전에
뜬구름 사이로 달빛 조명이라도 쏴주면
그제서야 오싹 소름 끼치는 정체가 드러날라나

만만이 아빠
—속초 히모노야에서 부르는 노래

설이라 내려온 아들과
신한은행 속초지점 뒷골목
아들 친구가 동생이랑 후배랑과 하는
정가운데 스모 모래판 같은 화로에서
대나무숯으로 고등어, 새치, 전갱일 굽고
모듬 어묵에 부타 나베라는 것도 나오는
일본풍 히모노야에 앉아
방어회에다 사케를 치는데
일본을 너덧 번이나 여행한 아들이
일본을 적대해서 안 가냐기에
점포문을 활짝 열고 들어설 때
오뎅김이 대끼리로 뿜어져 나오는
눈 내리는 홋카이도의 겨울 포장마차에서
사케 한 병은 하고 싶다니
어울리긴 하시는데 혼잔 좀 그렇지.
아빠, 연애 안 해?
헐, 아들놈이 아빠한테
이런 삑사리 같은 질문을
지 눔 카톡을 열면 대문짝만하게 ♡+2515라
아빠가 일년짜리, 이년짜리로 보이나
아빠가 만만해 보이나

아, 이럼 안 되지
아빠가 아들 앞에서 체면을 구기면 안 되지
아빠가 만만해 보여선 안 되지
사무라이식 후카시에
야쿠자풍 바람 좀 잡고
이봐 여기 주인장
연찬이를 불러 술도 따라주면서
정민이도 불러 술도 따라주면서
연준이도 불러 술도 따라주면서
속초고등학교 기수도 따져가면서
선후배라는 것도 단도리하면서
아빠가 체면이 있어야지
아빠가 천천히 보여야지
아빠가 만만히 보여선 정말 안 되지

위리안치(圍籬安置)

책을 덮었으면
추스려라
하나가 빠진 갈비뼈
심드렁한 심장
값어치 없는 길들
아직 해부되지 않은 것과
돈독이 오른 미학
때론 가진 것 없이
꼴값을 떨다
뿔을 놓쳤으니
세상에 시큰둥한 죄
나를 귀양하라
종자가 끊기는 그 날까지
가시나무로 울타리를 치고
홍어처럼 푹 삭았다
질질 코를 끌며 나오리니

사 람 을 찾 습 니 다 ———

속초시외버스터미널

와 보신 분은 알 거예요

속초 변두리 바닷가 옆
시골 마장터만 한 시외버스터미널
대합실 문이 열리고 닫힐 때마다
자기 몫의 표정과 짐 하나씩 들고
어디선가 왔다가 어디론가 떠나는 사람들
승강장으로 나가면 쿨럭쿨럭
장거리 왕복에다 야근으로
성대가 망가진 버스들이
거친 그을음을 토해내지만
자기 자리 하나씩은 있어
누군가는 추억을 찾아
누군가는 추억에 잠겨
차창 밖을 바라보는 것이고
내리면 바다가 맞아주는 곳
떠나면 바다만 남는 곳
사랑도 흘러왔다
사랑도 흘러가는 곳

그런 곳이에요, 속초시외버스터미널

속초엔 읎따

속초엔 읎따
인제도 있고
야양도 있고
고성 청간 덤벙에도 있는
파아란 하늘이
속초엔 읎따
개구리떼 노래하고
배암들 트위스트 추고
갈대 신바람나던
논바닥
밭바닥
땅바닥
팔아치운 지 오래
네땅 니땅
사촌땅 문중땅
잡아먹힌 지 오래
한평 두평
사방 팔방
자로 재고 줄로 치고
벽돌 쌓고 담장 두르고
가막소 같은

비르딩만 빼곡
서울시 속초구라 놀려대는
내고향 속초엔
별들이 뛰어놀
파아란 하늘은 단 한평도 없다

자작도를 아시나요

동해북쪽바다
동네바다마다
용궁식 아궁이에
솥단지 같은 섬 하나씩 걸쳐 놓아
반짝반짝 바다가 기름칠한 날이면
해물전 오징어전 멍게전 명태전
지지는 하얀 연기들이
뱃고동 우렁찬 굴뚝을 빠져나와
파란 하늘밭에 뭉실뭉실
구름꽃 웃음꽃 피우는 곳
밀물 썰물 바닷물 제아무리 거세도
세파보다 모진 건 없더라며
오대양 육대주를 안주 삼아
술상 두드리다가도
젓가락 장단에 흥이 오르면
손뼉춤 얼쑤 어깨춤 덩실
사람냄새 사랑냄새 넘실대는 곳
노란 달빛 기대어
가뭇이 수평선 바라보고 있노라면
자작자작 조개탕 끓어오르는 소리
자작자작 모래를 밟는 여인에 맨발 소리

자작자작 홀로 술을 쳐도 바다랑 취하는 곳

자작도를 아시나요

언덕 위에 바다

—波保 해룡형께

바다가 있는 속초에서
자란 아이들은 어려서부터
고래 하나씩은 키우고 산다
아이들이 키우는 고래들은
파아란 하늘 두둥실 떠다니며
꼬마 해적들을 태우고 다니다
해가 질쯤이면 바보가 두 팔 흔들어
길마중하는 항구로 돌아오는데
어린이만 산다는 저 먼 동화 속
양코배기 섬나라와는 달리
어른이 돼야 하는 아이들은
수평서 너머 보물섬을 버려둔 채
고향을 떠나 낯선 도시에서 살며
고래를 잊고 산지 오래
고래들은 주인 곁을 맴돌다
하나둘 바다를 찾아 떠나고
어느덧 세월의 뒷전으로 서서히 밀려나다
노인들이 되어 끊겨나간 연줄을 되감듯
고향을 찾은 바닷가 어스름 속에서
등댓불처럼 두 눈 활짝 빛나는 것은
주인 잃은 고래들을 돌보느라

언덕 위에 바다에서 뛰다니는 바보 때문이리니
언덕 위에 바다에서 뛰노는 고래들 때문이리니
수평선 파란 언덕 풀 따라 파도 춤추는 곳
친구들아 어서 오라고
고래들아 기다려 보자고
언덕 위에 바보가 있는 곳
언덕 위에 바다가 있는 곳

곱다 곱단아

─속초 왕대포에서 1

청초호 선창가로 나가는
핑크빛 골목 어귀에서
시집도 안 간 새파란 주모가
술을 파는 술집은 왕대포라는데
뜬소문도 없이 왕밭서 왔다는데
주모 보고 드나드는 몽짜들이야
헤살도 크고 목청도 크지만
나는 주모를 사모하는 친구가
바람벽에 난초를 친 뒷방에 앉아
막사발에 홀로 치는 막걸리가
뽀오얀 젖살처럼 곱기에
머리를 올리지 않은 아가라도 있어
곁을 내주고 시중이라도 든다면
곱단아 하며 기생오래비처럼 불러보련만
팔짜에 없는 숫티라 그건 남세려나
혼자 술상을 차리랴
혼자 술상을 치우랴
종종종 주모 병아리 발걸음 저러다
삼팔따라지 내 아버지도 발묶인 束草에서
눈 깜짝할 새 깜쪽같을 새
마음은 새파란 머리는 새하얀

58

천생 늙다리 버커리가 되는 건 아닌지
밤이 깊어 밤이슬도 취하는 건 아닌지
나는 주막 빈 뒷방에 홀로 앉아
어디론가 밀려나듯 밀려나듯
잔물결처럼 술잔 다독이다
이 밤 참 고운데
이 밤 참 곱디 고운데 에이라
이왕 내친김에 어디 한 번 질러보랴
없는 곱단아
없는 내 사랑아

속초갈매기

사람이 그러듯
속초 갈매기는
속초서 나서
속초서 자라
속초서 솟는 햇볕을 쬐고
속초서 부는 해풍을 쐬고
속초서 나는 햇것을 먹고
속초 토박이가 되어 간다
바다도 있고 산도 있고
논도 있고 밭도 있고
호수도 두 개나 있고
두 개나 있는 호수 위로
갈매기 두 배로 날고
속초가 넉넉하니
속초는 인심까지 넉넉하다
속초를 떠나는 갈매기도 있고
속초로 돌아오는 갈매기도 있고
속초를 오고가는 갈매기도 있다
속초 갈매기도 때 되면
시집가고 장가가고 하얀 솜털 같은
새끼를 낳아 기르다

다정도 하다 다투기도 하다
웃기도 하다 울기도 하다
고운 정이 미운 정 됐다
미운 정이 고운 정 됐다
그러면서 살아가는 것이다
그래도 산 좋고 물 좋은
속초서 사니 불행 중 다행 아이지비

그러지비

청간 바닷가

너덧 해 만인가
백담사 앞에서 곡차를 나누다
한양 친구는 보내고
만해 스님이 걸어간 길을 따라
어둑어둑 고성으로 넘어왔더니
수족관에는 접부채처럼 생긴 가리비가
수북이 쌓였고 자연산 멍게가 구색을 갖춘
청간 바닷가 여름만 여는 간이주점
관광객도 들르고 다이빙 동호회도 들르고
딴따라패들도 가끔 와 붙곤 하는 집
작년 이맘때와 똑같은 집
올해가 작년인지 오늘이 어젠지
별이 쏟아지는 밤에 해변으로 와서
목청껏 불러대는 노래도 똑같고
사람도 똑같고 사연도 똑같고
뚝딱 세월만 흘렀네
뾰족한 실루엣만 남은 먼산바라기 하며
하늬바람 불어 바닷물 차가워졌다는
주인장의 대사조차 토씨 하나 안 틀리네
우리라는 건 그래
우수리가 딱 맞아 떨어지면

좋아라 손뼉을 치다가도
조금만 수가 틀리면 영 뒤틀리는 게
그렇다고 뭔 말을 대놓고 할 수 있어야지
사뭇 밴댕이 소리는 듣기 싫고
밑천도 없는 주제에 뻗딩길 수도 없잖아
언제 맛이 가면 그때나 뱉으려나
아냐, 다 관두라지
관두면 또 어디서 생기는 게 있더라고
생기면 잃고 잃으면 생기고
결국은 쌤쌤이더라고
머리통이 터져라 설쳐댈 필요도 없고
밑구녕이 빠져라 설레발칠 필요도 없지
주워먹고 주워듣다 보니 날은 저물어
바다는 오징어 먹물처럼 새까만데
인생이 설익은 탓일까 인생물이 덜 든 탓일까
어디서 두메산골 호롱불이 보인다고
나의 걸음은 집으로는 아니 가고
자꾸 게걸음을 치며
옆으로 옆으로 새는 걸까

정신 번쩍

−청간 바다(mèr)

매일 아침 흰거품을 쏟아내며
파도로 머리를 감는 겨울바다

능이

-친구 형준에게

향이 많아 향이라고도 부르는 능이
가을이면 산에는 향이 나고 능이 피고
비 잘 내린 올해는 특히나 대풍이라며
속젊고 겉늙은 친구를 따라 능이를 캐러 간
신평 화암사 계곡에서
왼쪽은 샘치골
가운데는 멍에목
오른쪽은 십리꼬바위
어디로 둘러가든 정상에서 만난다고
물소리 청량한 계곡은
숨어 있는 보배답게
풍악도 설악도 부럽지 않을 길일세
건너편 울산바위와 키재기를 해가며
오부능선 육부능선 용을 쓰고 올라오니
좀 쉬다 가자 절벽으로 코빼기를 내민 바위에서
동해바다와 봉포 일판이 장관이라
가을 햇살 아래 반짝이는
신평벌과 용촌의 바둑판 금싸라기 들판하며
사방팔방 어디서 봐도 삿갓 쓴 운봉산
고산자도 짚신 신고 내려간 그 아래로
황룡이 산다는 영랑호

청룡이 산다는 청초호

눈 호강도 했것다 본격적으로
등산화끈 조여매고 허리띠 졸라매고
산비탈을 오락내락 산기슭을 오락가락
샅샅이 훑어도 능이 꼬다리는커녕
아리까리 싸리버섯만 드문드문
아무래도 해를 등진 산비탈이 좋겠다며
조릿대밭 지나 내리막 오솔길 사이로
양옆을 훑으며 내려가는 중에 어라
눈에 번쩍 뜨이는 남다른 풍채
나팔꽃처럼 활짝 벌어진 고동색 갓 표면에
미늘 같은 돌기들이 돌돌돌 박혀 있고
뒤집으니 사슴의 털처럼 보드라운 융모가
장군의 갑옷이라 해도 진배없는 것이
바로 이거로구나 심봤다! 아니 능이봤다!
둘러보니 이럴 수가 온통 능이 천지네
사발만 한 것이 대접만 한 것이 양푼만 한 것이
어떤 것은 세 송이씩 어떤 것은 열 송이씩 뭉테기라
각자 배낭을 가득 채우고도
양손에 두 봉지씩 나누고도
친구는 또 한 배낭을 채우고도 남아

커다란 너럭바위에 두 다리 쭉 뻗고
전리품을 감상하니 향기하며 모양하며
과연 일능이 이표고 삼송이로다
횡재한 기분에 저 멀리 지상을 내려다보며

싸 가져온 케밥과 김밥을 먹는 맛이란
산속의 재미란 게 이런 거로구나
그래봤자 나는 피래미
사계절 전천후 엔진을 장착한 친구는
봄이면 나물 뜯고 미역 건지고
여름이면 놀래기 베데미 학꽁치 복어 낚고
가을에는 버섯 캐고 잣 따고
겨울에는 토끼 사냥 꿩 사냥
살면서 못 먹어본 게 없다는데
소싯적 동지섣달 감자밖에는 먹은 게 없어도
똥배는 왜 그리 부른지 쥐도 잡아 구워 먹었다고
통째로 잉걸불에 올려놓고 다 구워지면 잿불에 넣어 놨다
새벽에 일어나 꺼내 먹으면 따끈따끈 고소고소한 게
똥배 내리는 덴 그만이라고
중고등학교 땐 용돈벌이로 뱀 구렁이도 잡아봤다고
독사가 값이 나가고 구렁이는 더 비쌌다고
구렁이는 독이 없는데 능구렁이는 독이 있다고
장독에다 수십 마리씩 잡아다 파는데 가끔 죽은 뱀은
칼로 다져서 닭모이로 주면 닭털이 홀라당 빠져
알몸으로 돌아치는 게 가관이라고

듣도 보도 못한 천일야화에 빠져 시간 가는 줄 모르다
일과를 마친 나무들이 우수수 작업복의 먼지를 털며
피곤한 다리를 뻗느라 그림자 길게 늘어진다
석양 붉은 산중에 오두막 같은 집 한 채
소쿠리랑 장단지랑 자배기랑 들고
검둥개랑 흰둥개랑 자드락밭이랑 일구며

낮이랑 밤이랑 산과 얼려 살고 싶다만
서산마루 너머로 헤살대며 넘겨다보던
붉은 외눈박이 눈알마저 자취를 감추자
뜬금없이 검은 숲에서 흑표범이라도 뛰쳐나올 듯
오싹하고 오금이 저리는 것이
더 눌러붙어 봤자 불청객인지라
내 두 배 넘는 능이를 짊어진 친구를 따라
긴 언덕을 내려가는 길에
허공을 가르는 기괴한 소리
이거 능구렁이 울음소리 같은데
뭐라? 구렁이도 울어?
친구는 손을 비워 막대기를 집어든다
나도 엉겁결에 따라 든다
어느새 사방 까맣게 먹칠을 해버려
보이지도 않는 멍에목에 갈천은
뭐가 그리 신나는지
콸콸콸콸
호걸웃음 뽑아대며
고막 가득 호령이다

마장터 빽도사 형님집

―빽도사 형님께

가도 가도 들어가는 산속 깊은 집
보름달이 너무 밝아 대낮 같은 집
너와지붕 위로 와송이 널린 집
소나무 빽곡히 담장을 두른 집
아궁이 곁에서 따땃이 알몸 뎁히던
구렁이 한 쌍도 나오고
흙벽에서 유신 적 불온서적도 나오고
개울물 위에 주안상 차리고
밤술 낮술 신선놀음에 혁명은 물건너간 집
암중 취중 농이 오가다
길 잃은 처녀 귀신도 등장할
옛날이야기 같은 집
찾아가면 찾아갈수록
도깨비 같은 집
갔던 길 멀쩡히 길을 잃어
허깨비 같은 집
겨울이면 함박눈 뒤집어쓴
들창으로 별 한 웅큼 반짝이는
산타 할배네 집 같은 집
흙냄새 풋풋한 토방에서
까무룩 잠들면 어린 옛날

젖무덤 같은 집
그러다 아주 잠들까
널무덤 같은 집

지금은 사라진 다랑이라는
이름의 찻집

—주인장이자 팽주였던 해룡형께

눈가루 털며 입구에 들어서면
나무 계단과 나무 마루로 된 찻집
첫 계단서부터 삐져나오는 삐거덕 소리가
손님들 고충 상담으로 잔뼈가 굵은
이집 주인의 어서 와 소리처럼 정겨운 것이
사실 계단이란 신에게 다가가기 위한 것이지
술집이나 드나들라고 만든 건 아닌데
우주 지도도 나오는 요즘 세상 조만간
신의 거처를 발견했다는 뉴스가 공중파를 탄들
하늘은 하늘의 일이고
땅에서는 오늘도 주(酒)님을 찬미하는 술꾼들을 위해
차를 팔다 밤에는 술을 팔고 그러다 낮술도 파는 집
어쩌겠어요 먹고는 살아야 하니
찻물용 샘물을 받아뒀던 업소용 냉장고엔
노란 맥주와 파란 소주와 하얀 막걸리와
더 들어갈 거라곤 혹시나 아껴둔 한 첩짜리 미래
인생살이 공평한 건
누구나 반려견처럼 키우는
판도라판 희망 하나씩은 있어

앞을 향해 걷고 뛰는 거지만
세상이 어디 그래요
팔을 잡아채는 넘들, 발을 거는 넘들, 미리 가 있는 넘들
그런 것들 싸그리 잡아다 얼음구뎅이에 쳐넣어야 한다고
입에 거품을 물고 불콰한 술기운에 언성을 높이다가도
누구에게나 유난히 추웠던 겨울은 있어
말없이 한 잔의 술을 들이켜는 것이고
사람과 사람, 사연과 사연으로 쓰린 속을 달래다
불그레 고개 돌려 이층 창밖을 바라보면
눈이 내려 하얀 스크린 같은 세상
가로등불 밑으로 추적추적 떨어지는 눈송이처럼
추억은 쌓이기만 할 뿐 덜어지지 않는 축축함
그런 소아기적 감성이라면 늙어 고생할 게 뻔한데
이파리 다 털어내고 겨울을 버티는 나무를 닮으라며
신보다 더 많은 어록을 갖고서
길손을 다독이는 달마스러운 주인장의 훈훈함에
얼었던 마음 빙그레 녹기도 하는 곳

지금은 사라진 다랑이라는 이름의 찻집

사랑바다

여름 물결 넘실대는
속초 장사동 해안가 끝자락
대게와 황제회가 주종이요
자작으로 커피도 파는
어여쁜 주인을 닮아
이름은 '러브마린'
바다를 향해 활짝 두 팔 벌린
이층 베란다 하얀 처마 밑
넷이나 태어났으면 어쨌을까나
고깔 같은 단칸방에
새끼 제비 세 마리
돌도 안 지난 빨간 목소리로
도레미 레미도 미레도
또 달라고 더 달라고
연미복 슈트 차려입고
하루종일 공중곡예하며
먹이를 물어다 먹여도
밑 빠진 독에 물 붓기맨치로
천지창조적부터 자식을 위한 노동은
천지만물의 대사요 대업이리니
다 자라 부모 곁을 떠날 때

단 한마디로 족하리니

엄마아빠 고마워 사랑해
날 낳아줘서
날 날게 해줘서
....
....
....
절 걷게 해주셔서

봐줍시다

-거진 포구에서

홍어 붉게 삭은 거진 포구
구도로에 붙은 식당 한 켠에서
중년이 넘은 남녀들
떼창으로 웃음을 뽑을 때면
정겨운 건 삶의 액수가 아니다
벼락부자든 가난뱅이든
홍어좆이든 홍어엿이든
웃음은 팔아도 웃음꽃은
살 수도 팔 수도 있는 게 아니다
누구나 한밑천 잡아보겠다고
북쪽 바다 끝까지 들어와
깜냥으로 살아가지만
다도해 어디 낙도라도
벽지 두메산골 깡촌이라도
고향을 져버렸겠는가
구태여 상관이 없다
토배기 아니라도 상관이 없다
고향이 어디냐고 물을 것까지도 없다
그녀들이 시집을 왔든
그네들이 장가를 왔든
팔도가 짬뽕이 됐든 짜장이 됐든

홍어에 수육에 막걸리 삼합이면
오늘밤은 인생 넉넉한 게다
웃음은 양념이고
입은 가릴 테니
봐줘요, 옆자리 손님들

속초역

−초대 속초역 명예 역장 최종호에게

속초역에서
기차에 몸을 싣고
북으로 가리라
북으로 가며
휘파람 부르리라
젖줄도 하나
핏줄도 하나
강철 심장을 녹여
끊긴 철길을 이어
휴전선을 넘자고
분단을 뛰넘자고
원산을 지나
흥남을 지나
성진을 지나
달려도 달려도 달려도
금 하나 안 간 쪽빛 하늘
흠 하나 안 간 남빛 바다
저녁연기 피어오르는 철길 따라
철마가 힘차게 기적을 울리며
남녘 파아란 새벽이
북녘 빠알간 노을과

가시버시 하나로 물들 즈음
새신랑 새신부 손잡고
달빛 가득 빛나는
처갓집에 살포시
첫 발 들이리라

갯배 1

망향가를 뽑듯
무적 소리 길게 뽑으며
안개 속 항구를 떠나는
연락선 같은 사연은 없다
새푸른 물살 가르는
외항선다운 포즈도
하얀 갈매기 함께 춤추는
유람선 풍의 무드도 없다
낮이나 밤이나
바다 밑바닥까지 늘어진
쇠줄에 코뚜레를 꿴 채
이 발에 치이고 저 발에 차이고
생선다라에 이까수레에 젓갈도라무깡에
고향 한 번 못 간
청호동 아바이 어마이들
한이나 한까득 싣고 다니는
나는 그저
갯배일 뿐이다

갯배 2

풀을 묶듯
발을 묶은
束草 청호동 나릿가에
옴짝달싹 사로잡힌 칠십 년
신들메 한 번 풀지 못한 채
등골은 휘고
머리골은 세고
쇠갈고리에 낚여
이리 끌리고 저리 끌리다
하루 흘깃 왔다가는
멸치떼 같은 구경꾼들 북새통에
뱃전이 잠길라치면
늙다리 물소마냥 헐떡헐떡
비린물 짠물 삼키지만
단맛도 쓴맛도 다 맹탕 같은
산다는 게 결국은 허탕 같은
이 갯가에서 저 갯가를
저 갯가에서 이 갯가를
하루 죙일 오가야 하는
아내와 나는 그저
한쌍의 갯배일 뿐이다

텅 빈 향수병

—속초 청호동 아바이

보세요, 욕창이 생기잖아요
똑바로 누워만 있지 말고
제발 좀 돌아도 누우세요

돌아뉘비면 자꾸 고향이 생각이 나니까니

속초 되돌리기

속초의 전경이
한눈에 들어오는 청대산 등마루에 앉아
장난감 리모컨을 꺼내 되돌리기를 눌러 본다

제일 먼저 최근에 지은 건물들부터 조용히 사라진다
청초호 갯목 위를 넘어가는 철교가 없어지자
시원한 바다가 한눈에 들어온다
아파트에 가려 보이지 않던 울산바위도 훤히 보인다
고도 제한이 없는 속초는 짓고 싶으면 백층도 문제없다
자본주의의 도시화를 막을 방법은 없다
발전 앞에서 조망권 따위는 안중에 없다
피켓 들고 현수막 펼치고 일인 시위까지 벌이지만
늘 그때뿐 위로 솟든 옆으로 퍼지든
도시는 늘어나게 되어 있고
시골은 줄어들게 되어 있다

예전에는 어디서나 울산바위를 한눈에 볼 수 있었다
속초 초입부터 속초의 문패 같은
울산바위를 보며 들어서는 것은
누구에게나 가슴 설레는 일이었다
엑스포 광장도 없어지고 매립지에는 다시 물이 들어차

청초호 호숫가 주변으로 갈대밭이 펼쳐진다
그 긴 둑길을 따라 그것도 야밤에, 야한 밤에
여름방학을 맞아 친구들과 간 에치아아이디 건너편 고고장에서
처음 만난 여학생과 내 생애 처음으로 블루스를 추고
그녀를 논산골 안문턱까지 바래다준 적이 있다
갈대밭이 남아 있었다면 다시 한 번
살뜰한 추억 속을 걸어볼 수 있으련만

젊은 시절의 청초한 회상에 잠겨 있는 사이
건물과 주택들이 차례차례 사라지자
옛 모습을 드러낸 소야벌은
황금 이삭 일렁이는 들녘으로 넘친다
콧구멍 속으로 콧물이 기차처럼 드나들던 까까머리 아이들은
그 속으로 들어가 메뚜기를 잡았고
정상에 소나무 세 그루가 삼정승처럼 서 있는
청대산에 올라 칡을 캤다
청초천에 천렵을 나온 가족들이 미꾸라지를 잡아 용탕을
끓이는 연기가 집집마다 가져 온 드럼통 아궁이 속으로 빨려
들어간다
일구에서 육구까지 속초의 옛길과 시장 그리고
언덕에 따개비처럼 붙었던 검은 판잣집들,
사십계단, 노가리촌, 공설운동장, 역전마을, 텍사스촌이 없
어진 자리에
푸른 언덕들이 모습을 드러낸다 언덕의 고장답다
집 몇 채 없는 청호동 해변으로 티없이 고운 백사장이 펼쳐진다
갯배를 띄우기 전의 갯목은 걸어서 건널 정도로 물이 얕다
호숫물의 맑기가 물고기들의 뼛속까지 비칠 정도다

영랑호에는 똥꼬와 장어들이 청초호에는 베데미들이 떼로
보인다
되돌리기를 이배속으로 하자 전경은 더욱 **빠르게** 바뀌면서
갈수록 울창한 숲들이 호수 주변을 푸근히 감싼다

화려한 기수를 앞세운 조선의 관찰사 행렬이
청간 쪽으로 뒷걸음질 쳐 올라가고
고려 상선 한 척이 흰 물결을 가르며
속초해수욕장 앞을 거꾸로 거슬러 지나간다
신라의 화랑인 듯한 젊은이들이 영랑호의 물을 하얗게 튀기며
뒤로 가는 말을 몰아 달린다
그들의 재기발랄한 얼굴에 번지는 미소가 햇살을 받아 반짝
인다
고조선의 유랑민들이 용천 고개를 뒤로 해서 넘어간 뒤로
사람의 모습은 한동안 잠잠하다 그러다
돌보습과 돌낫을 든 원시인들이 옅은 안개가 낀
조양동쪽 언덕을 따라 뒷걸음으로 올라가는 모습이 보인다
바다에서는 흰 갈매기들이 끼룩거리며 조도를 거꾸로 넘나
든다
속초에서 가장 땅값이 비싸다는 노른자위는 원시림에 쌓여
보이지도 않는다
땅에다 보이지 않는 금을 긋고 이 땅이 니 땅 내 땅이라고 하
는 땅들마다
들꽃과 풀이 올라 파릇파릇하니 바람이 손질하며 지나가자
강아지처럼 풀꼬리를 흔든다

울창한 숲들이 점점 줄어들며

메마른 황토로 변하더니 곧 눈으로 덮이기 시작한다
엄청난 눈이 하늘로 치솟고 바다까지도 꽁꽁 얼어붙는다
한동안 계속되던 빙하기가 지나가자 다시 원시림들이 등장하기
시작한다
지금과는 전혀 다른 세상 전혀 다른 지형이다 미시령쪽으로는
떨어졌던 바위들이 다시 달라붙기 시작하더니 울산바위와
달마봉이 연결된다
그 아래로는 거대한 호수가 들어서 있다 주변으로 엄청나게
큰 동물의 뼈들이
널려있다가 살이 붙으면서 하나씩 살아나더니 몸을 일으킨다
초대형 공룡들이 뒷걸음을 치며 걸어다닌다
하늘에서는 익룡이 거꾸로 날고
호수와 바다에서는 초식 공룡들이 거꾸로 헤엄을 치고 있다
공룡들이 평화롭게 밟고 다니는 저 땅이 2억 년 후에는
몸집을 바꾼 공룡들이 벌이게 될 투기의 현장인 것이다

나는 여기까지 보고 리모콘을 끈다
그 새 저녁이 된 도시는 보석 같은 불빛으로 영롱하다
아름답다 아름답지만
꾸며진 아름다움이다
화장한 아름다움이다
허망한 아름다움이다
그 도깨비 같고 허깨비 같은 아름다움을 위해
핵발전소를 돌리고 화력을 때고 송전탑을 설치하고
자동차는 기름을 주입하고 물걸레로 닦고 왁스로 칠하고
사람은 바르고 치장하고 뜯어고치고
내가 만족하며 살겠다는데 내가 만족하면 그만이라는데

누가 말릴 수 있겠는가
조명이 들어오자 번쩍 불을 밝힌 청호동 갯목의 철교가
아치형 눈초리를 치뜨며 야릇한 냉소를 보낸다
산에서 내려온 나는 임자가 있는 땅들을
조심스레 피해 집으로 돌아가는데

공룡의 시대까지 갈 것도 없다
오십 년 전만 해도
속초는 진짜였다

등 하나가 빈다

동트는 대포항 안에
바다오리떼처럼 모여 있는 배들이
밤새 쌓인 어둠을 털어내느라
잔기침에 몸을 풀어대며
출항을 시작하는 새벽 어스름
청호동에서 낙산으로 가는 바닷가 쪽
버스 좌석 하나가 빈다

시집살이 첫해부터
어물전 좌판 옆에 왼종일 쪼그려
갯배 타고 다라에 이고 온 생선을 파느라
꼬부라진 두손 두무릎꼬뱅이 꼬부려가며
자식새끼들 아픈 데 없이 부디
보살펴주십사 엎드려 빌던 홍련암
절방석 하나가 빈다

막내 이모 따라 외갓집 간다고 건넌
실오라기 같은 개울 한 줄이 휴전선이라고
남은 남대로 북은 북대로
앙가슴을 파고드는 철조망으로
오라를 동인 팔십 년 생이별에

피맺힌 내래 소원이래야 북에 계신
오마니 아바디 부디부디
평안하시라 단 한 번도 거르지 않고
눈 젤로 잘 띠던 초파일
등 하나가 빈다

사 람 을

찾 습 니 다

첫 시

-별에게

바람은 취해 그대 곁을 헤매다
다시금 돌아와 눈을 감으면
잠들지 않는 그대
모습은 바람에 날리고
그대 살을 흐르는 다정의 별들이
그리움에 가까이 있다 해도
그대의 의미를 바람은 닿을 수 있을까
차라리 우연한 이별의 공간 속을
바람은 흩어지고
참 생명인 그대
바람의 밖은 떨어지는 하늘인데
삶은 또 어찌 이처럼 정다울 수 있을까

단 한 점 내 사랑

하늘은 물을 뿌려 깨끗이
닦고 난 뒤의 거울처럼 맑습니다
티 하나 없는 그곳에 오직
단 한 사람 당신을 점찍어 봅니다
내 사랑
저 푸른 창공에 오로지
단 한 점 내 사랑

노란 은행잎 가로등길

가을도 아닌데
사랑을 생각하는 것은
속초 도서관 앞으로 나란히 뻗은
노란 은행잎 가로등길이 생겼기 때문이다
밤이 되면 쪽진 단발머리처럼
두 갈래 잎사귀를 노랗게 밝히는
노란 은행잎 가로등길
노란 은행잎 가로등길을 걸어갈 때면
첫사랑, 둘사랑, 셋사랑도 떠올려 보는 것인데
노란 은행잎 코팅으로 책갈피를 꽂아 준
사랑은 또 따로 있어
이런저런 팔선녀 같은 사랑들이
섣부른 무공에 젖게 하는 것이다

하트

가슴 속엔 여전히 새빨간 심장

눈맞춤

사랑은
둘이 함께 같은 곳을 바라보는 것이리니
사랑한다면 눈을 맞추세요

상대가 먼 산을 바라보면
그대도 먼 산을 바라보고
상대가 드라마를 바라보면
그대도 드라마를 바라보고
상대가 그대를 바라보면
그대도 상대를 바라보세요

사랑을 오래 고묵게 하는 것은 입맞춤보다는 눈맞춤이리니

처녀샘

강나루 대낮에
소나무 그늘에 앉아
소주를 까는 작가샘
한 잔 하자며
고개도 꼿꼿한
처녀샘께 낮술을 권하는데
자기 타입이라나
대작을 하고 싶은 게 아냐
수작을 하고 싶은 게지
사랑을 하고 싶은 게 아냐
연애를 하고 싶은 게지
여름 가기 전에

강나루 저녁에
쏘나무 불빛에 앉아
폭탄을 마는 처녀쌤
꿀벌쭈라며
고개를 떨군
작가쌤께 술짠을 내미는데
자기 타입이 아니라나
꿀벌쭈를 주고 싶은 게 아냐

벌쭈를 주고 싶은 게지
연애를 하고 싶은 게 아냐
싸랑을 하고 싶은 게지
가을 오기 전에

뻥사랑

사랑에 사랑은 없는 사랑
사랑한다 하고 사랑하지 않는 사랑
붕어빵사랑
공갈빵사랑
말뿐인 사랑
뻥뿐인 사랑
애멕이는 사랑
엿멕이는 사랑
울멕이는 사랑
한 방 멕여주고 싶은 사랑
붕어빵사랑
공갈빵사랑

사랑의 문제 1

오로지 한사람만을 사랑할 수 있다면 그것은
사랑을 감당하는 걸까 감당하지 못하는 걸까

망정

세상에 여자가
반이니 망정이지
그 많은 여자 중에
당신 같은 사람을 사랑하는
여자가 있기에 망정이지
그렇지 않았다면 당신은 지금쯤
홀로 아리랑을 부르며
독도에서 로빈슨 크루소처럼
지내고 있을지도

세상에 남자가
반이니 망정이지
그 많은 남자 중에
당신 같은 사람을 사랑하는
남자가 있기에 망정이지
그렇지 않았다면 당신은 지금쯤
홀로 된다는 걸 부르며
달에서 항아(姮娥)처럼
지내고 있을지도

돌봄

바라만 봐도
볼그레 볼가지는
얼굴은 나이를 먹어도
사랑은 나이를 먹지 않으니
그것이 부끄러워서라도
불그레 붉어지는

파도빼기

집시치마에 매끈한
종아리를 드러낸 두 여인
파란 바닷가 모래사장에서
넘실대는 바닷물 가까이 다가가
거품을 문 파도가 달려들어
발을 핥으려는 순간 잽싸게
발을 **빼**는 장난이 뭐 그리 즐거운지
갈매기처럼 날개죽지 흔들어대다
손**뼉**을 치며 재밌다고 까르륵까르륵

아, 이제 알겠네
아주 DNA에 박혀 있네
황소같이 흥분한 남자들을
놀렸다 약 올렸다 투우사의 물레타처럼
빨간 치마 펄럭이며 슬쩍 **빼**기를 왜 여자들이 잘하는지
빨간 입술 돌려가며 살짝 미소짓기를 왜 여자들이 잘하는지

사랑을 위해

젊은이여
가난 빼고는
다 부자라고
그런가
그렇다면 자네는 사랑하기에 부족함이 없네

늙은이여
나이 빼고는
다 젊다고
그러신가
그렇다면 당신은 사랑하기에 부족함이 없구려

애닳이

이걸 어찌 써야 하나
짙푸르게 써야 하나
짓무르게 써야 하나
짙밝게 써야 하나
어떻게 써야 하나
남모르게 써야 하나
남들 알게 써야 하나
에둘러 써야 하나
내질러 써야 하나
몽땅 써야 하나
모자라게 써야 하나
조금 남게 써야 하나

비나리

참으로 찰떡일세
내 업으로 그대를 업으려니
그대여 한가득 업혀다오
등춤 허리춤 어깨춤 장단을 맞춰
벌거벗은 가락에 온몸을 맡겨
우리가 주연(主演)은 아닐지언정
우리의 주연(酒宴)은 아닐지언정
우리 하나가 되어도 좋으리니
우리 하나가 되어도 족하리니
혹 부족하다 치면
세상은 또 자리를 채우고
잔은 또 술을 채우리니
하나가 되기 위해 그대가 비우거나
하나가 되기 위해 내가 비우거나
하나가 되기 위해 그대가 비거나
하나가 되기 위해 내가 비거나
사랑 사랑 내 사랑이야
어화둥둥 내 사랑이야

반짝

별이 반짝하는 건
지구에서 바라보는 나의 시선과
그 별에서 바라보는 그대의 시선이
서로 부딪쳐 빛이 튀는 거

별

-선배이신 박시인께

빡시게 생긴
박시인 말로는
그 눔의 시가
미꾸리처럼 잡히지도 않고
잔가시처럼 뽑히지도 않고
그럴 때면 대가리 꿍꿍대며
다릴 꼬고 앉아
괜스레 공염불 떨지 말고
에멜무지로 섹스를 하라나
머리에 광채가 도는
박시인 말로는
섹스가 10,000번을 넘으면
시적 센스가 돈다나
더욱이 20,000번을 달성하면
죽어 좋은 데로 가거나
다시 태어나지 않는다나
미달이들 중에서는 가능성을 따져
10,000번 이상이면 사람으로 태어날 끼고
10,000번 이하면 축생으로 태어날 낀데
보아하니 후배는 2,000도 못 채운 상이라
토끼 같은 걸로 태어날 게 뻔하니

나중에 후회하덜 말고
지금부터라도 밝히며 살라나
그런 미신이 어딨냐 하자
미신은 쪽발이들 말이지
우리는 미신이라는 말조차 없었드랬으니
별 시답잖은 소리 하덜 말라며
섹수학은 엄연한 통계학이고 과학이라나
그러면서 꽁초에 불을 붙이며
피어오르는 연기 사이로
신탁을 마치데
꽃 다 지기 전에
얼릉 일나 일보라며

사랑하는 이들이여

사랑하는 이를 만날 때마다
늘 입속으로 뇌이세요
내 사랑을 받아줘서 고맙습니다

사랑하는 이를 돌려보낼 때마다
늘 마음속으로 되뇌세요
내 사랑을 받아줘서 정말 고맙습니다

사랑하는 이와 함께 사는 날마다
늘 뼛속으로 되새기세요
내 사랑을 받아줘서 정말로 고맙습니다

영원한 시간과 영원한 공간을 통틀어 탈탈 털어
당신을 뺀 모든 사랑의 가능성을 접어준 덕이니
당신 단 한사람을 오로지 오롯이 접수한 덕이니

발무릎 사랑

−눈을 열고 들어서면

발 하나 못 맞추는
사랑이 무슨 사랑이랴
사랑을 하려면
발부터 맞춰라

무릎 하나 못 굽히는
사랑이 무슨 사랑이랴
사랑을 하려면
무릎부터 굽혀라

사람을 찾습니다 1

이름 끝자가 영이었죠, 아마
비 우(雨) 자 밑에 여자 여(女) 자

이십 대를 갓 넘기던 때
배낭을 둘러메고 혼자 간 설악산에서
배낭을 둘러메고 혼자 온 당신을 만났죠
아름다운 동행이 되면서 함께 산을 탔고
당신이 일박으로 들어간 백담산장 앞에
저도 캠프를 치고 심야 텐트에 당신을 초대했죠, 아마
당신은 제가 처음 인사를 건넬 때
치키치키차카차카초코초코초를 듣고 있었다며
노래가 담긴 김수철의 9집 테이프를 선물로 건넸고
저는 산에 갈 때 늘 챙기는
싸구려 위스키 한 잔에다
밤 깊은 램프등 아래서
하늘의 별처럼 많은 별
바닷가의 모래처럼 많은 모래로
시작하는 시를 들려드리고
시가 담긴 정현종 시인의 시집을 선물로 드렸죠, 아마
다음날 해 뜨기도 전에
함께 아침을 해 먹고

함께 오른 대청봉
지치다 더 지친 당신의 다리에
쥐가 오르지 말라 감히 잡아드렸는데
저보다 키 큰 여성은 이성에서 열외였는데
당신의 청순함과 미모에 반해 예외였는데
하얗고 미끈한 종아리는 너무나도 눈이 부셨는데
산 아래 펼쳐진 파란 세상으로 눈을 돌렸는데
무슨 끌림의 법칙일까
철학전공, O형, 나이차 십 년
자기 이상형은 이 세 가지라 했을 때
이런 일도 있을까 싶어
이런 인연도 있을까 싶어
그러나 미시리 같이 천치 같이
천지에 우리 둘뿐인 산꼭대기에선
벙어리 삼룡이처럼 말이 안 나왔죠
서울에서 다시 만나 당신이 예매한 표로
함께 본 영화가 '그들도 우리처럼'이었죠, 아마
그러고는 우리도 그들처럼 삼척 바다를 가자고 졸랐던 당신
그러나 끝내 데려가지 못한 삼척 바다
지금도 남아 있을까요

이름 끝자가 영이었죠, 아마
비 우(雨) 자 밑에 여자 여(女) 자
옥편에도 없던데
지금은 어디서 무얼 하며 살고 계신지

사랑의 패러디

-고 김수영 시인께

욕망이여 입을 열어라
그 속에서 사랑을 발견하겠다던
어느 시인의 말은 수정되어야 한다

사랑을 위해서
비상하여본 일이 있는
사람이면 알지
사랑이
무엇을 보고
노래하는가를
어째서 사랑에는
풀의 냄새가 섞여있는가를
사랑은
왜 고독한 것인가를

사랑은
왜 고독해야 하는 것인가를

사 람 을

찾 습 니 다 ————

삐딱선(禪)

불만?
왜 없겠어요
지구도 삐뚜른 판에

달방

하루살이 날듯 날일을 하다
해파리처럼 녹아내린 몸뚱일 끌고
빈집 같은 달방으로 기어들면
그래도 주인이라고
그새 정이 들었다고
방구석에 모여 있다 슬며시
자리를 내어주는 단칸짜리 어둠들
대짜로 뻗을 팔자도 못 돼
바람벽을 등지고 새우처럼 송그리고 누워
쪽창에 어리는 가로등 희미한 불빛 속으로
쓸쓸히 뱉아내는 한줄기 뽀얀 연기
어디서 흘러왔는지 어디로 흘러갈런지
인생처럼 잠시 머물다 가는 달방
인연처럼 잠깐 스쳤다 가는 달방
동그라니 젖은 베갯잇에서 얼굴을 돌려
동굴처럼 쑥대머리째 홑이불을 뒤집어쓰면
살포시 여섯 살 이마를 쓰담는 손길
인자 고만 눈을 감을깡, 어매? 그라요.
어서 빨리 잠들기를
잠이나마 달달하기를

부나비

허공에 지친 나머지
스스로 날개를 접었구나
아무도 안아 주지 않아
거미덫에라도 안기고 싶었구나
누구도 붙잡아 주지 않아
올가미라도 붙잡아 주기를 바랐구나
허물을 벗고 화려한 변신에 춤추던
이카로스의 꿈은 다 어디로 사라지고
단 한 편뿐인 무대에서
단역을 멈췄구나
무엇이 그대를 내몬 것일까
또 어디로 가라고
뭘 어떻게 하라고

단종애사

꽃이 붉기로 열흘이 붉겠냐마는
피지도 못하고 떨어진 꽃잎은 새붉어
달이 지고 해가 져도 지지를 않네
비 내린 봄밤 새남에 버들바람 불면
동강난 꽃동무 하나 둘
못둥지에 올라 닭벼슬 같은
흥망의 기억을 꿰자니
아지랑이처럼 흘러간 옛추억

피눈물 흘러 봄꽃은 붉구나

오늘하늘좀보안는가

점심이 되도록 마수도 못한
옷보따리 바리바리 짊어지고
지상으로 오르다
걸음을 멈춘 홍씨
레자가방에서 쪽폰을 꺼내더니
도배 시다로 지방 내려간
아내에게 문자를 띄웁니다

어뎌
와
어디여
아파트지
몇층
바빠
오늘하늘좀보안는가

기다려도 문자가 없자
홍씨는 다시 등짐을 둘러메고
인파 속으로 사라져 갑니다

딸아이 이마에 핀 이슬땀 훔치느라

새벽까지 꼴딱 새고 나와
23층 베란다에 걸터앉아
덕지덕지 풀이 굳은 손가락으로
문자를 찍던 애자는
저 멀리 떠가는 비행기 바라보다
조용히 젖은 문자 지웁니다

찢어지게파아랗네

봄날의 일이여

귀신 잡는 해병으로
월남전 파병 갔다
귀신 몰골로 나타난 막내 삼촌
지뢰밭에 버려진 베트콩 아이 구한다고
한쪽 다리 내준 대신 미제 목발 얻어 돌아왔네
학교 다녀오면 허구한 날
뒷방에 틀어박힌 삼촌을 위해
막걸리 받아오는 게 일이었지
노란 주전자 오그라들 때마다
핼쑥하게 오므라들던 삼촌의 볼
날 볼 적마다 동네 아제들
잿더미에서 불티 찾겠다고
부지깽이로 쑤셔대듯 쓴소리
그라도 삼동네에서 제일 가는 수재였는디
젓가락이 한짝이면 꼬챙이로라도 써야제
젓가락으로 못 쓴다고 한짝마저 내팽개치면 쓰나
그리고 혼약까정 한 그 처녀선생이 와 주말마다 오간디
지가 쩔름발이지 뻗쩡다리여 머라 뻐띵겨 뻐띵기긴

봄 안개 자욱한 아침
밥상을 들이려 뒷방 문 열자

삼촌은 군복을 가지런히 갖춰 입은 채
다리 하나 모자란 부동자세로
뒤늦은 전사 소식을 알렸지
파도들이 초혼을 부르듯
푸른 옷자락 출렁이는
바닷가 언덕배기에서
소위 계급장처럼 반짝이며 떨어지던 하얀 분가루

오늘 같이 선들바람 부는 봄이었지
함박눈 내리듯 휘날리는 벚꽃길따라
찢어진 가슴에 무공훈장 하나 달랑 품고
달빛 속으로 돌아가던 상아(嫦娥)의 뒷모습
사랑하는 그녀에게 장애가 되지 않겠노라
삼촌은 나비처럼 짧은 생을 접었지

홀할머니

할머니!
귀청 떨어질세라
설이면 유랑극단처럼 몰려와
손뼉 치고 춤추고 노래하고
갖은 재롱과 장기 펼쳐 놓다
지들 부모가 유괴라도 하는 양
차창 밖으로 죽어라 부채손 흔들며
쌩하니 떠나고 나면
농악대가 홀러봤다 빠져나간 논바닥에
혼자 남겨진 허수아비 같은 기분
그래도 한사코 동구 밖까지 나가
나타날 때까지 사라질 때까지
하얀 등대처럼 서서 그저
바라보는 것이 운명인 길바라기 인생
다시 만날 때 곱빼기로 부풀어 오르라
미련은 누룩마냥 꾸욱꾹 눌러놔야 하는 것인지
어서 추석이 돌아와 손주들이
단비와 웃음꽃을 뿌려줄 때까지
마음은 화분에 가둔 난처럼
한동안 메말라가겠지

낙엽

여름 햇살 아래
푸른 청춘의 몸매를 뽐내며
좋아라 박수치던 날은 잠깐
가을바람 불고
겨울 다가오면
금세 쪼그라든 박쥐마냥
한가닥 명줄에 거꾸로 매달렸다
뚝
화면이 꺼지는 순간
거취도 자취도 없이
멈춰버린 시간의 나락으로
소리 없이 떨어져
마른 살점 다 뜯겨 나갈 때까지
맨바닥을 뒹굴어야 하는
낙엽처럼 쓸쓸한 영혼이 또 어디 있을까

가을 산사

만선 깃발 동네방네
쾌지나칭칭나네
술판에 흥 오른 남정네들
젓가락 장단에 춤바람 난 아지메들
전 지지러 간 어무인 꼽사리
빗질도 못한 세찌는
갯바우에 홀로 앉아
돝섬 저 멀리 아부지 생각
수평선 더 멀리 오래비 생각

산 생각 죽은 생각
다 끊자고
연(緣)줄까지 끊자고
산으로 든 지 십 년

빗을 것 한 올 없는
가을산 명경같은 절마당을
고즈넉이 비질하는 여승께
고향을 물으니
어느 이름 없는 산자락 바다 모태
뱃고동 먹먹한 동네
뱃비린내 울먹한 동네

리어카 인생

평생 끄는 일을 해왔다
어려서는 화전민 부락서 종가래를
젊어서는 어판장서 생선 궤짝을
초로에는 아바이 마을서 갯배를
이제는 빈 박스를 줍는 리어카를 끈다
시계는 고장 나면 멈추기도 하는데
시간은 고장 한 번 없이 잘도 돌아
팔십 평생 떠받드느라
철사처럼 구부러진 앙상한 팔과 다리
땅에 꽂힐 듯 꺾인 고개 밑에서
툭 불거진 목젖과 누런 힘줄
가끔은 소시적 단꿈 속에서
누애랑 고향 시냇물에 띄우며 놀던 가랑잎
어디로 흘러갔는지 어떻게 흘러왔는지
피난통에 방향 잃은 탄피처럼 떨어져나와
일가붙이 하나 없이 곁불이나 쬐며 살아온 그처럼
포장 한 번 하고 폐기되는 박스들
종이 껍데기도 버려진다는 건 쓸쓸하기 마련이다
온종일 산더미처럼 모은 빈 박스 팔아봤자
저녁 한 끼
아침은 건너뛰기

점심은 무료급식소
저녁 반주로 막걸리 한 잔 곁들이는 게
유일한 낙이요 거나해지면 상념에 물들기는
그나 그들이나 매한가지
타박타박 이렇게 외톨박이로 걸어올 줄 알았다면
두더지처럼 화전이나 일구며 두메에서 살 걸
지렁이 비집듯 빡빡한 도심 속으로 기어 들어와
볼 꼴 못 볼 꼴 다 당하며 견뎌야 했을까
어느 날 시청 담벼락을 지나다
낡은 리어카에 기대어 녹슨 꿈속을 헤매듯
낮잠에 빠진 자신의 옹송그린 모습이
사진전 대상으로 뽑힌 걸 보았을 때
그는 자신의 인생이 노리개 같아 울었다
허연 달빛 아래서 누런 막걸리에 취해
꺼억꺼억 까마귀처럼 밤새 울었다
어머이요! 아바디!
지도 제대로 한 번 살아보고 싶습매
다시 한 번 살아보고 싶습매
진저리 나고 몸서리 쳐진다
그렇지만 이제는 다 지나온 길
한 잔 쭈우욱 걸치고
한 번 쓰으윽 훔치고
인민학교 짝사랑 짝꿍에게 빌려 쓴
고무지우개처럼 없던 일처럼
지워버리면 그만
눈 질끈하면 그만
엎치나 뒤치나 살다 가는 건

다 매한가지
어차피 끝은
다 좋인걸

한 달짜리

한 달이 되면
얄짤없이
수도세가 나오고
전기세가 나오고
사글세가 나오고
카드사용료가 나오고
의료보험료가 나오고
핸드폰요금이 나오고

또 한 달이 되면
얄짤없이
밀린 수도세가 나오고
밀린 전기세가 나오고
밀린 사글세가 나오고
밀린 카드사용료가 나오고
밀린 의료보험료가 나오고
밀린 핸드폰요금이 나오고

또다시 한 달이 되면
얄짤없이
수도를 끊겠다는 소리가 나오고

전기를 끊겠다는 소리가 나오고
방을 빼라는 소리가 나오고
카드가 정지됐다는 소리가 나오고
의료 혜택을 받을 수 없다는 소리가 나오고
핸드폰이 송신 불능이라는 소리가 나오고

한 달짜리
급여도 한 달짜리
달방도 한 달짜리
카드도 한 달짜리
식권도 한 달짜리
혈압약도 한 달짜리

이 세상에서
한 달을 놓치면
따라잡기가 쉽지 않다
또 한 달을 놓치면
거의 어렵다고 봐야 한다
또다시 한 달을 놓치면
사람 구실 하기가 힘들다

독작

오, 술의 시간이여
닫혔던 커튼 활짝 젖혀
멀리 있는 풍경 가까이 하고
노을 물들어가는 창가에 앉으니
안주는 술과 한가지로 족하고
술벗이야 마다하지 않으련만
독작에 나만 한 벗 또 어디 있으랴
몸은 몸대로 마음은 마음대로
이리 둥글 저리 둥글
한데 엉겨 한세월 뒹굴다
저물어 가는 것이 지쳐가는 것은 아닐진대
어엽다 못해 어여쁜 삶의 언저리에서
오늘밤 또 한 번
술잔을 부딪는구나
쨍!
벗이여,
우리의 삶을 위해 한 잔
우리의 죽음을 위해 또 한 잔

바라이죄

나를 채우지 못해 잔을 채우고
나를 비우지 못해 잔을 비우네

생욕(生慾)

육십 촉 붉은 전구 불빛이
원형경기장처럼 동그란 도마 위
가이샤쿠의 가늘고 뾰족한 칼이 삭둑
목을 가르는 순간 두 동강이 나며
눈을 부릅뜬 머리통이
단두대 아래로 굴러떨어진다
얼굴 역할의 조연이 사라진 붉은 조명 안에서
선혈이 낭자한 주인공의 알몸뚱이는
아직 숨이 붙어 움찔댄다
바닷물로 씻어 마른 수건으로 꾹꾹 핏기를 짜내자
마지막 붙어있던 목숨과 함께
몸 밖으로 빠져나가는 방전의 찌릿함
큰 놈은 포를 뜨고 작은 것들은 세꼬시를 치리다.
살을 도리기 전 숨통을 웅크린 채
삶의 끝을 물고 늘어져
목도 없이 죽음을 도리질하는 파드닥한 생욕
지금이라도 떨어져 나간 목을 갖다 붙여
바다로 돌려보내면 부르르 꼬리를 치며
간밤의 시원했던 도다리의 삶으로
다시 돌아갈 것 같은데

노구

노인이 오감으로부터 얻을 수 있는 것은
한 가지뿐이다
살은 거의 수분이 빠져나가고
후각은 코 밖으로 나오지 못하고
소리는 귀에 갇혀 웅성거리고
눈은 흐릿한 흑백만이 어른거린다
생각은 끊겼고 가슴샘은 말라버렸다
많은 걸 보고 들은 것이
이제서는 오히려 짐인지도 모른다
얼마 안 남은 융해의 시간
화면이 꺼지는 마지막 순간까지
노인이 오감으로부터 얻을 수 있는 것은
목에 달라붙어 있는 숨뿐이다

숨값

쭈욱
곁다리로 가져온
막걸리 한 통 들이킨다
우라질
진료비에 수술비에 약값에
살려는 목숨값은 왜 이리 비싼지
나뭇가지 사이로 훤히 보이는
바깥세상이야말로 천국이 따로 없네
칡덩굴처럼 꼬이기만 했지
한 번도 주인공인 적이 없는
엑스트라 인생
꼴 보기 싫어
들러리로 가져온
막걸리 다시 한 통
던져놓고 보니 막걸리통도
살았을 땐 살이 통통
죽으니 쭈구렁밤탱이
발밑에 던져 놓은 오천 원짜리 농약 한 병
우라질
죽으려는 목숨값은 또 왜 이리 싸구련지
차라리 취하자고 또 한 통

운명의 속도

어떤 속도에 맞춰야 했을까
느린 속도?
더 느린 속도?
빠른 속도?
더 빠른 속도?
서 있어도 자동으로 가는
인생길에서야 최저속도가 좋았다고
앞장서 둘러대겠지만
하필 지나갔을 수도 있고
아직 안 지나갔을 수도 있는
그때 그곳에서
일면식도 없는 차와
정면으로 충돌하고 나서
검은 삿갓에 검은 도포 입은
사내 뒤를 쫄레쫄레 따라가며
내 운명의 속도가 궁금해지데

퍼런 봄날

-피노디아 대현에게

아직 수선이 덜 됐나
그곳까지 다 못 가린
퍼런 봄날은 희번덕 든눠 있네
속초로 가는 첫버스를 깔고 앉아
천역덕 소주를 까고
개울이나
개나리나
흐르는 물이랑
물오른 꽃일랑
내비둬야지
오든 가든
피든 지든
지들이 알아서 하는 거
허박한 세상살이
재미 붙일 거라곤
꽃향기 찾아 백리
술향기 찾아 천리
밤새 술상 건너편에서
고래? 고래?
고래고래 해쌓는 고리타분께
동해 가서 찾아야지

왜 술집서 찾냐고
열김에 새벽 첫차로
내려가는 동안
한 해의 반에 반이
벌써 어정쩡 어물쩡 지나가고
고래들 틈에서
세월만 쌓다
등까지 꼬부라져
지상과 천하의
온갖 허덕이가 얹히네
산 입에 거미줄 치겠냐고
더 살아봐야 알겠지만
술 한 병에
죽었던 혓바닥이
다시 부활해

기사 양반!
거 좀 쉬엄쉬엄 갑시다
봄도 푸르딩딩허구만

여름, 그 유구한 흔적

여름 오후
녹아내린 공기로 인해
굴절돼 보이는 공간
녹슨 드럼통 위에
치즈처럼 늘어져 있는 시간
이상하지
서부의 총잡이들이 서로
총을 뽑기 직전의 정적처럼
땀이 흐르고 무덥기만 할 뿐
무슨 내면이 있을까 싶은데
프라이팬 기름에 지지는 노른자위처럼
지글대는 태양의 열기에 쩍쩍 갈라지는 틈새로
땅속 깊이 묻혀있던 과거의 영들이
하나둘 흰자위처럼 기어 나와
신기루 속을 투영하는 데자뷰
시신을 덮었던 천을 거두자
그 속에서 나를 발견한 것 같은
낯설면서도 낯익은 기분
월남의 정글 위를 날아다니는 치누크처럼
한꺼번에 몰려나온 수만 마리의 잠자리들이
금빛살을 튕기며 공중을 선회하고 있는 것은

캄브리아기 때부터 최근까지
켜켜이 쌓인 지층을 뚫고
지상으로 탈출을 시도하는
불법적인 영혼들을 수거하는 작전인지도

그래, 여름 언덕에 올라
불타는 석양을 등지고 서서 바라보면 결국
한 무더기의 무덤이기도 한 지구

신안 병어

작건 크건
짧건 길건
재보자고 대보자고
지지고 볶고 튀기고 뜯고
재에 똥에 티에 들보에
콩이야 팥이야 쌀이야 보리야
죽 쑤는 꼴 보기 싫어
나막신 하나 끌고 따닥따닥
따개비처럼 섬도 많은
전라도 신안까정 왔응께
빗물 흐르는 도라무통에
육젓 흐벅진 지도 선창가에서
산동 아줌씨와 방콕 아가씨가
자매처럼 일하는 선어집에서
단풍잎 빠알간 밤배 바라보다
소주에 안주로 병어를 선어로
섬뜩 날캅게 저민 가슴살 한 저름
양파에 얹어 된장을 발라
구업(口業)의 제물로 바치나니
비는 밤새 울고
잔은 밤새 비네

애도(哀道)

−침통에 빠진 병이형께

북악으로 가는 동안
고개 숙여
발치 한 번 바라보았나이다
마포 나루터서
화왕산 꼬들배기까지
등자 밑을 스치듯
많은 게 스쳐 지납디다
반걸음이라도 우리 함께
어둡고 긴 긴 터널을 지나
빛을 되찾던 순간들처럼
동지들의 갈채와
동지들의 환호가
활화산처럼 터지던 그 때를

북악으로 가는 동안
고개 더 숙여
땅끝 한 번 바라보았나이다
잔물결 같은 미련도 아니요
억새풀 같은 통한도 아니요
그저 석고(席藁)를 대신하나니
저의 길에 벗어남이 있었다면

144

지금 가야하는 마지막 길로
그 길을 되찾게 하소서
삶과 죽음은 늘 허공에 떠 있어
무엇을 시작이라 하고
무엇을 끝이라 할런지
하루살이 같다가도
자연이라 자연으로 돌아감을

북악으로 가는 동안
고개 들고
하늘 한 번 바라보았나이다
생로와 병사를 돌고 돌아
또다른 인과 연은 어디로 가 닿을런지
비라도 한줄기 씻어준다면
눈물을 감추지 않을 터인데
저로 인해 애꿎은 이들께
용서를 숨기지 않을 터인데
억장으로 무너진 저를 거두시고
저의 영혼을 자유케 하소서
업장으로 타버린 저를 눈감게 하시고
저의 혼백을 눈뜨게 하소서

곡(哭)

소슬비 내리는 절집 뒤란
소대(燒臺)의 굴뚝 위에
검은 상복을 차려입은
까마귀 한 마리
재(齋)를 지낼 때마다
까옥까옥
곡비(哭婢)를 하느라
굴뚝 그을음처럼
새까맣게 쉬어버린 곡소리
한평생 살아온 거
모조리 끌어모아 봤자
담배 한 까치 말아 피울
연기 한 줌 되어
구름 무덤 속으로 사라지는
젊은 영가 늙은 영가
이런 영가 저런 영가
까마득히 올려다보며
눈물인가 빗물인가
까오까오
인사인가 치레인가
가오가오

하늘 같은 건

하늘 같은 걸
보고 사는 사람이 있다
볼 필요가 없다
땅이 있는 것도 아니고
빽이 있는 것도 아니고
돈이 쏟아지는 것도 아니다
어쩌다 재수가 옴 붙어
벼락이나 뒤집어쓰면 모를까
하늘 같은 건
볼 필요가 없다
먹고 사는 건 하늘 아래 다 있다

가을 불면

이리 한 줄 저리 한 줄
사방에 거미줄을 치며
사경이 지나도록
골 속을 헤매다
까만 창을 열면
달빛 서린 잎사귀를 무대로
어둠뿐인 텅 빈 객석을 상대로
말라깽이 팔을 흔들어대며
깽깽이를 연주하는 풀벌레야
사람이 알 수 없는
무슨 계약이 있겠지만
도대체가 공연이 없는 시간대도 있어야지
밤새 목구멍이 타라
목청을 높여 가며
노래까지 불러대는 데는
이유는 달라도 심정은 엔간한
저들의 사연과 뒤섞여
뒤죽박죽
동이 트도록
실타래만
헝크네

집을 찾아 귀환하는 서나이들

-속초 왕대포에서 2

왼종일 덥다고 궁시렁대던
낮은 벌써 퇴근을 했네
축하랍시고
위로랍시고
끝짱을 낸답시고
서나이들은 술집을 찾고
붉은 노을 긴 걸 보아
술자리는 길어질 터
사는 게 찌지고 볶고 쫄이고
간은 콩알인데
간뎅인 부었는지
깊어가는 밤도 아랑곳
주모 지청구도 아랑곳
청춘의 길 다 어디로 가고
퇴로만 남았다고
고릴라처럼 가슴을 두드리다
원숭이 볼기짝처럼 벌게서
깃 빠진 날갯죽지 휘청거리며
집을 찾아 귀환하는 서나이들
해파리마냥 축 처진 어깨 위엔
어서 곯아떨어지길 기다리는
개꿈만 가득

삶의 여정

빛이 보이지 않을 때
어디로 가야 할지 모를 때
삶의 여정은 이 자체로도 좋다
헤매이더라도 방황하더라도
그대가 빛이었다는 걸 안다면
그대가 길이었다는 걸 안다면
삶의 여정은 여기서 끝이어도 좋다
서성이거나 동동이지 마라
삶의 목적을 놓아서야
삶은 목적을 이루리니
빈 땅 가득 빛나는 지상의 돌들
그래 다시 걸어가도 좋다
걷고 또 걸어
돌고 또 돌아
다시 나를 만날 때까지
다시 나를 만나면
그를 꼬옥 안아줄 테니

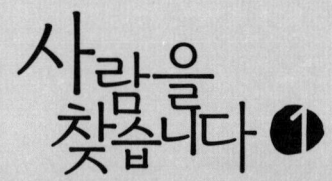

초판 1쇄 발행 2025년 6월5일
발행일 2025년 6월5일
지은이 최동훈
출판사 공간
ISBN 979-11-966265-4-9
판매가 9,800원